MINHA ESSÊNCIA

THIAGO BRADO

MINHA ESSÊNCIA

RESGATE SUA VERDADEIRA ESSÊNCIA E TENHA UMA VIDA COM PROPÓSITOS

Planeta

Preparação: Amanda Zampieri
Revisão: Vivian Miwa Matsushita e Project Nine Editorial
Projeto gráfico e diagramação: Marcela Badolatto
Capa: Rafael Brum
Imagem de capa: Marcell Noda

DADOS INTERNACIONAIS DE CATALOGAÇÃO NA PUBLICAÇÃO (CIP)
ANGÉLICA ILACQUA CRB-8/7057

Brado, Thiago
Minha essência / Thiago Brado. -- São Paulo : Planeta do Brasil, 2018.
160 p.
ISBN: 978-85-422-1499-4

18-1842 CDD 158.1

Índices para catálogo sistemático:
1. Técnicas de autoajuda : Vida cristã

2018
Todos os direitos desta edição reservados à
EDITORA PLANETA DO BRASIL LTDA.
Rua Padre João Manuel, 100 – 21º andar
Ed. Horsa II – Cerqueira César
01411-000 – São Paulo-SP
www.planetadelivros.com.br
atendimento@editoraplaneta.com.br

DESCUBRA UMA VIDA COM PROPÓSITOS

PREFÁCIO

A ARTE DE ESSENCIALIZAR

O título deste livro poderia ser: *Confissões de um jovem compositor cristão*. Thiago nos mostra aqui sua alma nua e crua, e revela segredos íntimos dos bastidores de sua vida como pregador itinerante. Quem ouve suas inspiradas canções não imagina que o canteiro dessas flores precisa da terra do amor, mas também da chuva do humor e até mesmo da água da dor. São melodias surpreendentes, grudadas em letras que tocam o coração tanto do simples quanto do doutor. Leia estes relatos do cotidiano e entenderá quais são os ingredientes dessa inspiração. O brado musical do Thiago já tem espaço cativo na alma do povo, desde os mais jovens aos que acumulam três doses de juventude.

Percebi que havia algo diferente na vida e na obra desse jovem talento na primeira vez em que ouvi "Minha essência". A simplicidade desse poema bíblico em canção esconde uma complexidade que não combina com a irreverência juvenil do autor. Normalmente a vida nos ensina a jogar fora os excessos e permanecer somente com o essencial. Muitos, porém, descobrem essa química tarde demais, quando a irmã doença ou a prima morte ameaçam roubar todos os tesouros da terra e nos deixar diante do Único Necessário, que nos abre a porta do céu. Olhamos para trás e nos perguntamos: será que eu poderia ter amado mais? Poderia ter comido menos! Poderia ter rezado mais! Poderia ter acumulado menos! O menos é mais. Thiago vive e canta essa fórmula de felicidade. Sua música é unicamente a roupa de suas vivências. Ele entendeu a arte de essencializar e descobrir pérolas no misterioso território sagrado do silêncio. Depois de calar ele colhe seu Brado e é generoso em partilhar essa dádiva de mil maneiras. Pode ser um livro, um show, uma pregação, uma canção.

Quem ficou quieto no colo de Deus sai dali com o perfume do céu... e leva essa "essência" por onde passa. Este livro é somente mais uma forma genial de exalar esse Cheiro Sagrado. Simples assim!

PE. JOÃOZINHO, SCJ
Teólogo e Comunicador

Somente o essencial

é capaz de tocar a alma.

INTRODUÇÃO

Minha essência é um livro simples, como deve ser. Não dá para enfeitar e ser simples, chique e simples, pomposo e simples. Somente o essencial é capaz de tocar a alma e convencer.

Bom, se você conhece meu trabalho, talvez tenha se interessado por este livro por imaginar ser uma autobiografia, ou um relato sobre a minha música citada "Minha essência". Quem sabe até mesmo um suposto livro de autoajuda? De repente seria mais uma fábula? Eis a questão! Não consigo saber o que ele de fato é. Talvez um pouco de tudo isso.

Este livro nasceu no meu coração bem antes de *O monge e a coruja*. Ao menos o projeto dele, pois apenas comecei a escrevê-lo quando um alerta me saltou aos olhos. Moro em uma cidade relativamente pequena, se comparada com grandes polos, que não chega a 100 mil habitantes. E infelizmente o alerta do "essênciometro" soou quando, em apenas uma semana, cinco suicídios foram registrados. Eu me assustei com essa informação, e resolvi buscar ajuda e inspiração do céu. Era hora de nascer *Minha essência*, o livro. Ele pode não salvar a humanidade, mas confesso que no fundo essa é a minha vontade.

Em apenas seis anos de estrada já presenciei muita coisa. Conheci realidades, culturas e povos distintos. A única regra existente em todos os lugares, e o que percebi em todas as pessoas que conheci, é que algumas exalam a essência do céu, outras não.

As que vivem uma vida essencial são equilibradas, têm motivação, são felizes e otimistas. Sofrem como todos os outros, mas são fortes para a batalha da vida. Os que não vivem essencialmente são pessoas tristes, amargas, egoístas e com tantos outros adjetivos que combinam exatamente com sua situação. Afinal, sem essência não se pode viver bem.

Nestas poucas páginas desejo expressar um pouco de tudo que para mim é essencial e que eu realmente acredito valer a pena. Um detalhe muito importante é que todos temos a essência, só precisamos permitir que ela volte a ser sentida. Não é possível exalar um bom perfume quando se está coberto de lama.

Vamos voltar à nossa essência? Espero que você aceite. Boa viagem. Estamos juntos nessa.

CAPÍTULO 1

A ESSÊNCIA

NÃO TEM
COMO NÃO
AMAR QUEM
OFERECE O
SEU MELHOR.

Você já parou para pensar no sentido da palavra essência? Vem do latim *essentia*, e significa "aquilo que é o mais básico/o mais central à existência".

Pronto, é isso. O básico, o foco, a raiz, o centro, o simples. Não basta ser básico, tem que ser o mais básico, não adianta ser central, tem que ser o mais central. Enquanto não formos descomplicados não seremos essenciais.

Eu me lembro bem de quando fiz um de meus primeiros encontros de oração. Foi durante um fim de semana em um centro de formação na vila rural de minha cidade. Quando cheguei, por gostar de música, logo imaginei que seria como os outros, com uma banda e vários instrumentos. Que teria um som bacana e músicas bonitas. Nessa época eu já tocava guitarra. Mas quando o encontro começou, veio a decepção. Havia somente um senhor com um teclado surrado e antigo. Ele cantava canções da época do "guaraná de rolha" e que eram pouco elaboradas musicalmente falando. O som não era bom e ele não cantava lá aquelas coisas. Pensei: *Lascou, perdi o final de semana.*

Acontece que eu ainda não sabia nada sobre a essência. Eu buscava ter o que meus olhos apreciavam, desejava o externo, a casca. Mal sabia eu que, naquele mesmo dia, faria uma linda experiência com Deus ao som de canções simples, de um senhor que cantava e tocava de maneira muito simples, mas que tinha essência, exatamente por ser simples.

Temos o feio costume de julgar pela aparência. De rotular as pessoas e as coisas pelo que vemos, achamos e imaginamos sem nem darmos a oportunidade de sermos convencidos do contrário, e vamos logo discorrendo nossas análises.

Talvez você já tenha sentido aversão a uma pessoa em especial e hoje essa mesma pessoa pode ser seu melhor amigo, ou até mesmo alguém que você escolheu para viver a seu lado. Só conhecemos a essência quando tocamos a existência do outro. Quando ficamos somente na superfície, corremos o risco de nunca aprofundarmos nossas relações, se isso não acontecer, pode chegar um dia em que olharemos ao nosso redor e não haverá ninguém lá.

Se alguém pergunta as especificações de um automóvel e a resposta é que o carro é "básico", significa que ele não tem ar-condicionado, travas e vidros elétricos e também não tem direção hidráulica, correto? Qual a diferença deste para um carro "completo"? O completo tem tudo o que o básico não tem. Ainda assim, o veículo com mais opcionais também tem a essência do básico. Apenas oferece algo mais.

Podemos ter mais características, o que não podemos é perder as principais. Se o carro completo com ar, travas, vidros elétricos e direção hidráulica não tivesse o motor, ele não teria o básico, não teria a essência. Portanto suas qualidades excedentes seriam insignificantes. Ninguém compraria um carro sem motor se a intenção fosse usá-lo para se locomover. Nesse caso, é melhor ter o básico, pois ele anda sozinho. Sem motor, só empurrando.

Até quando levaremos empurrões da vida? Sabemos que não estamos fazendo o certo e mesmo assim continuamos com as frescuras que só fogem do necessário e não geram resultado. A velha mania de "enfeitar o rabo do pavão" ainda é nossa companheira? Se está tudo claro, basta fazer o que tem que ser feito.

Eu costumo ser prático e direto em minhas decisões. Não tenho muita paciência para a enrolação e confesso que isso já me custou um pouco. Pequei muitas vezes por não saber como falar, mas o que foi dito deveria ser dito, pois era a verdade. E quando, por medo, receei não ser aceito ou magoar alguém, deixei de ser eu mesmo para usar uma máscara, aconteceu o inevitável: no fim das contas o resultado não veio, a culpa passou a ser minha e ainda fiquei sozinho porque não transmiti confiança.

Sinceridade significa: "sem cera/sem máscara". A sinceridade é o único caminho para a verdade. E máscara tem tudo a ver com mentira. Você já ouviu a expressão "duas caras"? Provavelmente o sujeito que é chamado assim andou mentindo um pouco, usando máscaras e não foi sincero.

Quando falamos em essência também lembramos de algo que remete a fragrância, cheiro, perfume. Você provavelmente já abraçou uma pessoa perfumada, cheirosa. Portanto deve ter sentido ainda depois do abraço o cheiro que impregnou no tecido de sua roupa ou em sua pele. Do mesmo modo, se também já abraçou uma pessoa malcheirosa, no popular "fedida", levou consigo a lembrança desagradável do abraço.

O que estamos oferecendo para as pessoas? Um perfume agradável ou desagradável? Se formos sinceros, verdadeiros, e se voltarmos à nossa essência, a que nos foi dada por Deus, com certeza cada vez mais pessoas desejarão não sair de nossa presença após nos conhecerem, pois sentirão um perfume bom. Isso pode ser comprovado pela vida das pessoas queridas. Aquelas personalidades admiradas por todos, sabe? O tiozinho do algodão-doce, o zelador do colégio, aquele padre caridoso, a vovó que ama fazer quitutes para agradar aos netinhos. Enfim, pessoas que sem esperar nada em troca oferecem seu melhor. E sobre isso também há uma regra comum. Não é possível não amar quem oferece o seu melhor. Se não estão te amando, pode ser que você não esteja oferecendo o seu melhor. Nada e ninguém resiste ao amor.

CAPÍTULO 2

O PERFUME DO CÉU

UM CORAÇÃO PERFUMADO COM A VERDADEIRA ESSÊNCIA É CAPAZ DE PERFUMAR MUITOS OUTROS CORAÇÕES.

Era começo de verão e dia de missa. Sábado à noite, fomos eu e uma moça que na época era minha namorada. Ao entrarmos na igreja matriz, percebemos que tínhamos nos confundido com a hora, chegamos bem antes e ainda não havia muita gente. Procuramos nosso lugar ao fundo e esperamos. À nossa direita, uns dez bancos à frente, estava um senhor que parecia bem sujo, provavelmente um andarilho.

Como estávamos de camarote e esse senhor nos chamou atenção, ficamos de olho em tudo ao seu redor. As pessoas foram chegando e sentando, mas todos que se aproximavam desse homem aos poucos iam se levantando e mudando de lugar, afastando-se dele.

Com a celebração quase para começar, deduzimos que ele devia estar cheirando mal, pois alguns dos que saíram de perto tapavam o nariz e tinham expressão de nojo. Aquilo nos incomodou demais. Conversamos e entramos em um acordo. "Vamos lá."

Mas havia um detalhe importante, pelo menos para mim. Até aquele momento eu ainda não havia passado pelos procedimentos cirúrgicos para corrigir o desvio de septo nasal. Tempos depois viria a fazer duas vezes essa cirurgia, mas nessa época ainda não, o que me dava o "luxo" de não sentir cheiro nenhum. Sempre tive rinite alérgica e desvio de septo, meu nariz vivia congestionado.

Pensei: *Irei tranquilo, se ele estiver fedendo, não sentirei mesmo...* Decididos, nós nos sentamos ao lado do andarilho pouco antes de a missa começar. No banco em que ele estava, sentávamos somente ele e nós dois.

Em seguida eu o cumprimentei com um "Boa noite". Ele respondeu sorrindo. Ao nos aproximarmos, pudemos perceber que as pessoas que saíram até tinham motivos, pois ele realmente estava bem sujo, aparentemente cheirando mal – eu não sentia nada – e com um saco de pano ainda mais sujo encostado no banco. Era possível ver algumas moscas por perto.

A missa começou e nos concentramos. Passados alguns minutos, algo inesperado aconteceu para o meu azar. Meu nariz desentupiu. Raramente isso acontecia, ainda mais em um dia de rinite "atacada". E garanto que, se não fosse o nosso propósito em sermos misericordiosos, eu teria saído dali. Poxa vida, cheirava muito mal mesmo.

Ah, já ia me esquecendo. Sobre as características físicas dele: era um senhor negro, aparentava uns 40 e poucos anos, meia estatura mediana e magro. Sua roupa clara estava bem suja e ele apoiava o chapéu de couro desbotado no colo.

Enquanto o padre fazia a homilia, o sujo e maltrapilho me abordou. Perguntou sobre a cidade, que era conhecida por confeccionar roupas. Ele me disse que era de Minas Gerais e que o município era famoso por causa do café. Consenti. Estava ao mesmo tempo interessado e envergonhado, pois as pessoas nos olhavam muito incomodadas. Ele falava em tom normal, mas era necessário no máximo sussurrar se não quiséssemos atrapalhar. Como meu nariz estava melhor do que nunca, pude perceber que ele não tinha hálito etílico, não era um bêbado. Era apenas um senhor sofrido, nada mais.

Chegou um momento em que ele abriu o saco de pano que carregava e de dentro tirou uma fita K7. Ele disse assim: "Gosto das músicas desse padre". Na fita tinha uma etiqueta em que estava escrito: "Padre Marcelo Rossi". Logo em seguida me perguntou se eu conhecia o mar. Respondi que sim. Ele retirou do saco uma concha dessas que a gente traz da praia, aquelas cônicas e grandes. Colocou na minha orelha direita e disse: "Escuta o mar". Eu não sabia se ria ou se chorava. Todos que assistiam à cena pensavam que éramos loucos por estarmos ao lado desse homem que parecia mais louco ainda.

Lembro bem que naquele dia uma das leituras da liturgia era sobre Ester. Ele comentou algo sobre ela de que não me recordo, porém foi algo bem particular, como se de fato a Rainha Ester fosse uma conhecida sua. Parecia um devaneio, mas por um momento eu comecei a achar que aquele homem sujo era Deus.

O papo estava bom. Ele comentou que sua mãe o batizara na Basílica de Aparecida. Mais uma vez abriu o saco de pano e tirou de lá uma folha amarelada, era sua lembrança do batismo. Não cheguei a ler, logo ele guardou.

A missa estava na altura das ofertas e creio que esse foi o momento mais crítico. O mau cheiro chegou ao limite. Estava quase insuportável. Eu, que tenho estômago forte, estava com náuseas. E foi aí que o homem falou baixinho no meu ouvido: "As pessoas são más, né?". E perguntei o motivo. Ele continuou: "Hoje pedi para usar o banheiro da lanchonete, mas não me deixaram, só se eu comprasse algo".

Nesse instante, ficou claro de onde vinha o mau cheiro. Foi triste, e de alguma forma eu me compadeci. Senti pena daquele senhor tão sujo e estranho, no entanto, ao mesmo tempo, tão agradável e normal.

Quando a celebração caminhava para a consagração, a surpresa veio. Depois de confidenciar o ocorrido na lanchonete e passar alguns instantes em silêncio, ele nos tocou no ombro e disse olhando fundo em nossos olhos: "Deus ama muito esse menino, ele tem um coração bom". Levantou, pôs o chapéu na cabeça e o saco de pano nas costas e saiu em direção à porta, fez reverência e saiu da igreja.

Foi um momento de forte emoção. Não entendi nada, mas aquele momento tocou nosso coração. Tanto que decidimos ir embora e voltar no dia seguinte, e participar novamente da missa. Ao sair da igreja, alguns minutos mais tarde, começamos a procurar pelo senhor com a intenção de lhe oferecer pelo menos um banho e comida. Foi em vão, pois não o encontramos. Mesmo em uma praça ampla e iluminada não foi possível vê-lo, não estava mais lá.

Não posso afirmar nem provar que era Jesus naquele homem, mas em meu coração tenho certeza que era. Afinal, Jesus está no pobre, no fraco, no doente, no abandonado, no marginalizado, no esquecido, ele está em todos nós.

E o que falar da essência? Esse homem tinha a essência mais pura que já conheci. Sujo, abandonado e maltrapilho, mas que com apenas uma frase perfumou minha vida, dando-me a certeza de que Deus está sempre comigo, mesmo que eu não queira admitir, ou insista em não O notar.

Para passar por essa experiência, tivemos de superar várias barreiras. Foi preciso sair do nosso banco confortável, cheio de pessoas cheirosas e conhecidas para sentar ao lado de um estranho em situação lamentável. Foi necessário permanecer lá até o fim, mesmo quando as pessoas ao nosso lado faziam sinais insistentes pedindo que saíssemos daquele banco. Tivemos de aguentar o odor das fezes daquele homem. E por fim fomos julgados por todos que não conseguiam prestar atenção em nada além de nós três.

Realmente, a essência não é externa, não está no Dolce Gabbana ou no Paco Rabanne. Está no coração. Um coração perfumado com a verdadeira essência é capaz de perfumar muitos outros corações. A verdadeira essência transcende o tempo, enquanto o perfume importado dura somente até o próximo banho.

CAPÍTULO 3

A MÚSICA E O SONHO

QUANDO
ENCONTRAMOS
O CAMINHO
CERTO, PODEMOS
DIZER QUE
LOCALIZAMOS UM
PEDAÇO DE NÓS.

Lembro como se fosse hoje. Era dia de aula, mas não um dia comum. Alguns dias do ano escolar eram diferentes. Todos os alunos e a direção se reuniam no pátio do colégio para cantar o hino nacional e participar em alguma programação diferente após o intervalo. Isso nos garantia, além da surpresa, algo já sabido: teríamos as duas últimas aulas livres. Confesso que adorávamos isso.

Aquele dia foi especial, pois a surpresa era uma banda tocando no pátio as canções de sucesso na época. Sempre gostei de música, porém nunca senti um interesse maior. Aquele dia foi diferente.

Depois de cantar o hino nacional a diretora disse para curtirmos a apresentação. E eu realmente curti. Fiquei vidrado na guitarra. O rapaz tocava muito bem, pelo menos eu achei. Decidi: "Quero aprender a tocar guitarra".

Fui para casa empolgado com essa ideia. Assim que cheguei, logo falei do interesse para a minha bisavó, a dona Frida. Aliás, por ela temos muita gratidão – meus pais que o digam. Ela tem quase 90 anos, criou minha mãe, me criou e criou minhas duas irmãs mais novas. Hoje ela pega meu filho no colo e brinca com ele. Isso é demais!

Recordo que ela logo me apoiou e me pediu para ir ver o preço da aula no conservatório. Fui, fizemos a matrícula e comecei. Não demorou muito, pedi que ela me desse uma guitarra, não adiantava fazer aula sem ter o instrumento. Ela me deu uma guitarra, um cubo pequeno e uma pedaleira. Os meses seguintes foram difíceis. Pensei em parar várias vezes. É bem complicado aprender a tocar um instrumento quando não se tem noção nenhuma. Só não desisti porque ganhei o equipamento.

Depois de alguns meses de insistência e tortura aos meus dedos, comecei a perceber uma pequena evolução, o que me animou. Aos poucos, já era capaz de tocar músicas inteiras sem a necessidade de parar entre os acordes. Mesmo desafinado e sem instrução, eu já cantava e tocava. Agora, se tocava e cantava bem, aí já é outra história!

Não demorou para começar a desenvolver meu tímido talento. Minha mãe conseguiu me encaixar no coral da igreja, até porque minha bisavó havia feito um único pedido: "Quero que você toque na igreja". Não poderia dizer não. Fui ao ensaio, mas quando cheguei, percebi que não seria fácil. Era um coral de idosos, e eu cheguei faceiro com a minha guitarra barulhenta. Nem tinha completado 15 anos e já me achava um *rockstar*. E aí, será que deu certo? Claro que não. Atrapalhei o ensaio e de vergonha não voltei mais. Percebi que faltava muita coisa para ficar pelo menos "meia-boca".

Meu pai, vendo meu interesse pela música, decidiu comprar um violão para aprender e me acompanhar. Não foram necessários mais que alguns acordes para ele desistir. Fiquei com o violão e em seguida o usei para tocar na missa como minha avó havia pedido. Toquei com alguns grupos, criei outros, toquei sozinho... aos poucos as missas matinais de domingo passam a ser a minha segunda casa. Peguei gosto!

Mais alguns meses e eu já estava tocando violão no grupo de oração às quartas-feiras. Nem sei dizer em quantos retiros eu toquei no centro de formação paroquial.

Foram aproximadamente sete anos de intensa dedicação à música nas missas, retiros, encontros e grupos de oração. Inclusive na faculdade, em 2011, quando cursava Tecnologia e Análise em Desenvolvimento de Sistemas, estive à frente de um Grupo de Oração que acontecia às segundas-feiras na arquibancada do refeitório da universidade. Tocava, cantava, pregava. "Assoviava e chupava cana", como diz o ditado. Esse foi um grande laboratório. Pude desenvolver a oratória, o controle do público e demais técnicas necessárias para dominar uma plateia. Tem quem faça cursos extensos para aperfeiçoar essas técnicas. Eu aprendi fazendo, sentindo vergonha e improvisando. Foi realmente uma boa escola. Hoje eu me sinto muito bem quando estou diante de pessoas, independentemente da quantidade, eu sempre me sinto muito à vontade. É um desafio, mas prazeroso.

E o que isso tem a ver com a essência? Tudo. Conseguir um diploma na área de tecnologia não me traria felicidade por não acreditar que se eu tivesse nascido para isso. Devemos ser muito mais do que aquilo que as pessoas esperam que sejamos. Devemos ser aquilo que sonhamos, e mais, aquilo que Deus sonhou para nós. Quando encontramos o caminho certo, podemos dizer que localizamos um pedaço de nós. Aí está um pouco da essência. Se nos perdermos dentro de nós mesmos, jamais nos acharemos fora. Como diz o velho ditado: "A fruta nunca cai distante do pé". Podemos demorar a vida inteira para descobrir isso. O que eu realmente sou não ficou no passado, tampouco serei algum dia: eu já sou, só preciso descobrir onde estou dentro desse bagunçado porão chamado **vida**.

Talvez o que falte seja apenas organização. Dentro do baú sempre há escondido um rico tesouro que a gente insiste em cobrir com cacarecos sem valor.

CAPÍTULO 4

É NO SILÊNCIO QUE NASCE

A ESSÊNCIA
NÃO SE VÊ,
MAS SE SENTE.

Quando comecei a tocar nas missas da minha paróquia, eu já não fazia mais aulas de guitarra. Na verdade, fiz pouco mais de um ano, o restante fui desenvolvendo sozinho. E foi nessa busca solitária pelo conhecimento e aprimoramento que começaram a sair os primeiros rascunhos, as primeiras composições.

Sempre tive como companhia o silêncio da noite e do meu quarto. Por muito tempo foi com o violão de cordas de nylon, que meu pai abandonou, que eu compunha, logo depois, foi com um de cordas de aço.

Nunca fui de falar o que sentia, na verdade quase nunca fazia isso. Confesso que até hoje não é muito diferente. Meu confidente sempre foi o papel e o violão. Quando ainda morava com meus pais, antes de me casar, minha mãe ouvia os meus sussurros em busca da melodia. Às vezes ela batia na porta do meu quarto pedindo para eu parar de fazer barulho, pois ela tinha de acordar cedo. Sim, às vezes eu me empolgava.

Devo muito à minha mãe. Sempre que eu escrevia uma nova canção à noite, apresentava para ela na hora do almoço do dia seguinte, enquanto ela cozinhava. Muitas foram as vezes em que isso aconteceu. E algo particular ela sempre fazia. Quando a música era forte, ela chorava e dizia: "Essa vai estourar". Está para nascer mãe mais coruja.

É estranho, não sei explicar, mas é assim que acontece. Algo mexe comigo, sinto um nó na garganta, uma inquietação que não passa. Essa é a deixa, e lá vem uma música nova.

Neste exato instante em que escrevo, esses sintomas se fazem presentes, pena que estou dentro do avião, é madrugada, estamos cruzando um oceano, as pessoas dormem e meu violão está no bagageiro. Mas tudo bem, o que importa é que estou aqui escrevendo, o que me dá certa paz.

De volta às composições. Quando as canções brotam, elas precisam florescer. Não é à toa que, quando elas vêm, sinto que precisam dar frutos. Tecnicamente são apenas letras e notas, harmonia e poesia, mas na verdade são anseios do coração que sempre têm destino certo. Já recebi muitos depoimentos que confirmam isso. Algumas músicas, no princípio, achei sem muito sentido, pois não exprimiam o que eu estava passando, no entanto era o que alguém um dia precisaria ouvir. Encaro a música como um presente de Deus. Para mim é pura inspiração. Ouvi um grande compositor, que admiro muito, dizer: "Quando a canção acontece no coração das pessoas é porque foi Deus quem fez, se não acontece foi porque eu fiz". O autor da frase é Dalvimar Gallo, grande místico e poeta.

Por isso eu não componho "meia música". Eu sento com meu violão, de preferência em algum lugar tranquilo, e deixo as notas me guiarem. Se a música não ficar pronta antes que eu levante, e se ela não vier inteira, abandono o projeto, sinal de que era eu quem estava fazendo. Quando ela flui naturalmente é porque é inspiração divina. Foi assim com quase todas. "Minha essência", por exemplo, foi composta em dez minutos. Toda a letra e a harmonia que vocês conhecem. Simples, quando é de Deus, ela nasce de parto normal; quando não é, nasce de cesariana e antes da hora – perdão pela comparação. Não deixa de ser música, mas nunca será A MÚSICA.

Só o que brota da essência é que inspira. Tente se lembrar de alguém que você conhece e em quem confia. Certamente essa pessoa é sincera com as palavras e fiel nas atitudes. Agora traga na memória as pessoas em quem você não confia ou que pelo menos te deixam com um pé atrás. É óbvio, elas não convencem. A essência não se vê, mas se sente. Se você tiver um dedo de desconfiança sobre alguma coisa ou alguém, não hesite, investigue. Se estiver em dúvida é porque não sentiu a essência. Aguce seu olfato, é hora de reconhecer qual a verdadeira fragrância. Se cheira mal, pode ser que algo esteja estragado. Se após a investigação você descobrir que nada estava errado, sinal de que quem pode estar sem essência é você. Só sente o perfume quem tem bom olfato. Não é possível sentir cheiro quando se sofre de rinite. Cure-se primeiro, é necessário.

CAPÍTULO 5

COM CERTEZA, LEVEZA

VALE
A PENA
ESPALHAR
PAZ!

Se tem algo que realmente nos ensina, é a vida. E é claro que aprendemos muito mais com nossos erros do que propriamente com os acertos. Somos todos propensos aos erros e devemos dar graças a Deus por isso. Seria insuportável conviver com a perfeição.

A busca incessante pela perfeição acarreta sérios problemas para a vida de uma pessoa. Sempre que me cobrei demais, acertei de menos. Sempre que coloquei muita confiança nas minhas capacidades e habilidades, acabei me frustrando.

Costumo pensar na vida com leveza. Ela é difícil? Sim. Teremos problemas? Muitos. Sofreremos? E como! Só não acho justo com a própria vida deixar de aproveitá-la e enxergar suas belezas. A mídia popular é a grande prova de que o que deveria ser valorizado, no fundo, não é muito.

Se formos analisar as notícias do telejornal diário, veremos que a maior parte é dedicada a catástrofes, acidentes e boletim policial. A outra parte, muito menor, à utilidade pública e às matérias sobre turismo ou variedades. E isso tudo por que motivo? Porque vende mais, atrai mais. Uma notícia sobre a morte de alguém, um acidente na rodovia ou o avião que caiu vende mais e é muito mais compartilhada. Por quê?

Não acredito que devemos colocar a culpa na "macabra e sanguinária mídia". Ela só coloca no ar o que é bem-aceito. E quem diz o que é aceito ou não é quem assiste ou escuta. Portanto, se vemos e ouvimos tudo isso na televisão e no rádio é porque queremos. Não somos vítimas, somos clientes.

Então você pode pensar: "Não concordo! Eu não gosto dessas coisas". E eu concordo com você, eu também não gosto. Mas a maior parte gosta ou pelo menos se interessa.

Certa vez, ouvi alguém dizer que a oração começa na intenção do coração. Não é o que sai pela boca, mas o que antes já morava no coração. Por isso acredito piamente que se estamos tão interessados em coisas ruins é porque nosso coração está desejando elas. E como mudar isso? Creio que alimentando nossa alma, nosso espírito e nosso coração com outro tipo de alimento. Alimento que nutre e não simplesmente sacia.

Nas minhas viagens – que são muitas –, acabo me deparando com várias situações adversas. Durmo pouco e me alimento em horários distintos todos os dias. Me oferecem comidas diferentes e com temperos diferentes segundo o costume regional. Sofri um pouco no começo, hoje não mais. Como desde buchada de bode a *petit gâteau*. Claro, evito só algumas coisas que sei que podem não me fazer bem, ou as com que meu organismo não tem muita afinidade, por exemplo, a pimenta. Ardeu a boca, "deu ruim". Mas gosto muito de conhecer tudo, não tenho frescura.

Isso me faz lembrar da primeira vez que fui a Portugal – que por sinal foi uma viagem muito especial –, onde a comida padrão é um pouco diferente da nossa. Para nós, brasileiros, o arroz e o feijão são como carne e unha, em Portugal não é assim. No primeiro dia, foi batata com pão e massa. No seguinte, batata com pão e carne. No outro, batata com pão e peixe. No outro, massa com pão. No outro, pão com batata e frango. Os dias iam passando e fui aos poucos desenvolvendo sintomas de abstinência. Via arroz e feijão em tudo. Pois sempre comi isso: arroz, feijão, carne e salada. Pelo menos, na maioria das vezes, esse era meu cardápio. Hoje já não me fazem mais falta e como de tudo, primeiro porque gosto, segundo porque não conseguiria padronizar isso, mesmo se quisesse. Mas naquela altura sofri, porque meu organismo estava condicionado àquele alimento. Ele sentia falta do que sempre teve, mas é possível que queira outras coisas também.

Aconteceu que no penúltimo dia em terras lusitanas fomos convidados para comer feijoada na casa de um padre brasileiro. Pode imaginar o que aconteceu? Quase tive uma congestão, tamanha era minha vontade do bendito feijãozinho. Comi tanto feijão que tenho até hoje ferro daquele dia circulando em minha corrente sanguínea. Foi muito bom, mas realmente passei dos limites. Só fui conseguir comer algo de novo no dia seguinte.

Então concluo que somos o que comemos, oferecemos somente o que temos, no entanto sempre podemos aprender e mudar nossos hábitos.

Valorizar as coisas positivas é mais saudável. Uma boca que só espalha más notícias acaba alimentando mal o coração e a alma. Coisas ruins tiram nossa paz de espírito. É mais ou menos como fiz com a feijoada. Ingeri tanto que me fez mal. É sofrer por opção. Vale a pena espalhar a paz!

CAPÍTULO 6

O DESEJO E O CORAÇÃO

DESCOBRIR O CAMINHO A SEGUIR PODE SER O PONTO CHAVE PARA TER UMA VIDA COM PROPÓSITOS.

Tudo na vida começa pequeno. Uma grande árvore um dia foi só uma semente ou uma mudinha. Aos poucos, conforme vamos fincando nossas raízes e fortalecendo nossos ideais e propósitos, o crescimento vem.

Quando comecei a viajar pelo Brasil, tudo era muito pequeno em termos estruturais. Eu, minha mala e meu violão.

Minha primeira viagem depois de ter deixado meu trabalho para me dedicar à missão foi em Minas Gerais e, em seguida, no interior do Rio de Janeiro. Peguei ônibus coletivo, táxi, carona. Foi difícil fazer isso sozinho e pude perceber que sozinho não iria conseguir. A estrada suga, consome, exige. Para aguentar horas de estrada, esperas em aeroportos e voos é preciso ter vocação. Não digo um passeio de vez em quando com a família. Digo toda semana, de quatro a cinco vezes. Tanto que tivemos de criar uma política interna. Senti essa necessidade desde o começo. Dois dias da semana devem ser para ficarmos em casa. O que nos abastece é estar com a família. Dois dias é pouco? Sim. Mas é o mínimo. Quando comecei, cheguei a ficar quase duas semanas fora por umas duas vezes. Foi o suficiente para deixar claro que não é possível ser assim. Um abraço de quem nos ama no nosso "hábitat natural" tem o poder de reinicializar. Só assim podemos começar de novo.

Tudo começou quando eu ainda tocava nas missas na minha paróquia. Aos poucos, no grupo de oração, depois nos retiros e encontros. E somente depois nos palcos. Sempre ouvi a frase: "Se sou fiel no pouco, Ele me confiará mais". Soa interesseiro. Garanto que não foi, pois Deus vê nossas lutas e também "ajuda quem cedo madruga". Ser fiel mais que a um serviço, ser fiel a um propósito.

Quando tive a oportunidade de cantar música popular, percebi que não era minha praia. De fato, eu não nasci para isso. Gosto de cantar o que sei de onde veio e como nasceu. Por isso prefiro cantar minhas músicas. Sei por que existiram e em que momento surgiram. Faz sentido. Como a minha canção "O céu é o meu caminho" diz: "Como olhar e não enxergar, cantar só por cantar, hoje sei qual é a causa pela qual devo lutar". **Propósito**. Sentia que precisava ter um propósito. Por que será que tantos jovens se sentem perdidos no mercado de trabalho? Eles não precisam encontrar apenas uma profissão para seguir, mais que isso, precisam encontrar um propósito para suas vidas. Senão a vida será uma grande chatice. Digo porque vejo isso acontecer. Jovens que se consomem nos estudos, se formam e, quando começam a trabalhar, resumem suas vidas a cumprir uma carga horária semanal enquanto o fim de semana não chega para sair com os amigos para uma baladinha e buscar alguma diversão.

Certa vez, alguém disse: "Quem faz o que ama não trabalha". Acho que é bem isso mesmo. Meu trabalho não precisa ser um fardo pesado para ser chamado de trabalho. Nem preciso me consumir com horas extras para poder dizer com orgulho aos amigos que estou trabalhando demais. O trabalho dignifica o homem, porém é preciso também sentir prazer trabalhando.

Já foi mal atendido no hospital? Alguém te tratou mal em uma loja? Já contratou um serviço e não ficou satisfeito com o resultado? Algumas dessas características me fazem pensar que profissionais frustrados são piores do que amadores. Se alguém ama o que faz, fará bem. Se não gosta, fará bem só até certo tempo.

Descobrir o caminho a seguir pode ser o ponto-chave para ter uma vida com propósitos. Mais que somente fazer, fazer por que...

Como se fosse fácil escolher o caminho a seguir. Trata-se, na verdade, do mais difícil! Certamente quem segue seu coração não erra. Eu sempre quis ouvir Deus dar as respostas para as minhas perguntas. Só consegui a partir do momento em que dei ouvidos ao meu coração que sempre indicava o caminho. Tenho certeza disso, o coração fala. Fala, e fala muito. Se não estou ouvindo é sinal de que estou escutando no lugar errado.

O coração em si é apenas um órgão vital. Já não é pouco ser vital, já é grande coisa. Mas ainda foi designado a representar uma palavra pequeninha, mas de suma importância para nossa vida: o **desejo**. Tudo nasce do desejo. A oração é um desejo, o que pretendo fazer amanhã ou daqui a oito anos nasceu antes do desejo. Quando penso em fazer algo, é sinal de que o desejo brotou no coração. Estranho é relacionar o coração com essas coisas. Parece até que o coração é um indivíduo separado dentro de nós que possui um cérebro. Isso acontece porque a poesia, a música, o cinema e a arte em geral sempre utilizaram o coração como símbolo do amor e do sentimento. Desenhamos ainda na escola um coração fofinho. O de verdade, realista, não é assim tão bonito. Mas, enfim, se é no coração de maneira figurada ou no cérebro de forma fisiológica que o desejo nasce, não importa.

Importa mesmo escutar com atenção nossos desejos, que são as raízes dos nossos sonhos.

Vou tentar explicar. Se meu pai é médico e me diz que também devo sê-lo, preciso antes pensar. Será que tenho vocação para isso? Com certeza, analisarei tudo conscientemente e então decidirei se ele está certo ou não, e se realmente é o que eu devo ser. Se as variáveis forem positivas, mas no fundo algo estiver me dizendo que não é isso, cuidado! Alerta vermelho: pode ser o coração/desejo dizendo que não é esse o caminho.

Costumo decidir algo importante com base no coração. Se algo me traz paz, é sinal de que estou no caminho certo. Sabe, Deus é o Deus da paz, não do medo, da tribulação. Nada daquilo que vem de Deus deve tirar o nosso sono nem a nossa paz. Se vem de Deus, acredito que é a vontade Dele para minha vida, e eu entenderei isso. Quem gera dúvida ou cria confusão é outro. Onde está Deus está a paz.

Várias vezes tive de decidir ou dar meu posicionamento sobre assuntos importantes. Coloquei na balança, e por mais que a lógica gritasse para mim o que deveria ser feito, se o coração dizia outra coisa, sempre decidi segui-lo, pois é onde habita a paz.

Isso significa que eu sempre acertei? Não. Às vezes não aconteceu como esperado. "Uai! Oxente! Égua! Bah!", e sei lá mais qual expressão regional você use agora. Por que então seguir o coração se ele nem sempre acerta? Porque às vezes errar faz parte do caminho. Errar ensina, corrige, disciplina, inspira. E até um erro de percurso pode ser um grande sinal de que Deus está realmente no comando.

Nem sempre é saudável ganhar, é importante perder. Não é prudente estar somente "na crista da onda" como diziam os brotos da jovem guarda. É necessário "tomar um caldo" de vez em quando.

Eu sempre vejo isso acontecer em minhas viagens pelo Brasil. Há semanas em que temos o privilégio de estar em lugares maravilhosos, em outras, acabamos sofrendo um pouco. Já aconteceu de eu e minha equipe ficarmos dois ou três dias sofrendo com problemas de logística. Dormindo pouco e mal, nos alimentando erradamente, mas, alguns dias depois, ganharmos um presente, ficando em bons hotéis, dormindo bem, comendo bem e descansando para cumprirmos bem os compromissos de missão. Ou seja, a política da compensação sempre acontece. Se está tudo muito bom, é sinal de que logo a gente vai se lascar, e isso pode ser maravilhoso. É justamente assim que conseguimos manter o equilíbrio. É fácil nos acostumarmos com o que é bom. Mas não significa que isso faça bem. O equilibrista deve ir de uma extremidade a outra da corda com o objetivo de prosseguir em cima dela, mesmo que no meio do percurso cambaleie de um lado para o outro. O "cai e não cai" faz parte da vida, e além disso, a **fortalece**.

CAPÍTULO 7

MENOS É MAIS

ESSA CORRERIA
LOUCA CAUSA
MUITO ESTRAGO.
DEIXAMOS DE
APROVEITAR A
VIDA.
A VIDA QUE UM
DIA VAI PASSAR.

Muitas pessoas têm a curiosidade de saber como funciona o processo de produção de uma canção, qual é a inspiração, como é o sentimento de fazer uma música que mais tarde pode ser instrumento para salvar a vida de alguém. Confesso que nada disso passa pela minha cabeça. Tudo se resume a papel, caneta e violão. É simples. Sento com meu violão, sobre a mesa deixo um caderno e uma caneta. Começo a criar uma melodia, a cantarolar e em seguida a rascunhar a letra. Depois de uma estrofe ou duas, eu gravo no celular para não esquecer, e quando a música fica pronta, eu canto umas duas vezes mais. Por fim, gravo novamente a música toda para arquivar.

Envio para os meninos da banda. Meu produtor prepara uma estrutura e gravo a guia; em seguida os músicos vão para o estúdio e gravam os instrumentos; depois de tudo arranjado e gravado, gravo a voz oficial. A música vai para a mixagem e masterização. Preparamos a documentação necessária e pronto! Lançamos nas plataformas digitais, quando não em algum álbum físico. Um processo simples e corriqueiro para nós.

Você deve estar pensando: "Credo, Thiago, que insensível", "A música é algo divino", "É muito mais do que isso", "Não se pode esquecer que vem de Deus". Claro, tudo isso está correto. Eu apenas citei a parte técnica. Muito além do que expliquei é o que eu não sou capaz de explicar. Quem em sã consciência pode explicar de onde vem uma música que um dia ainda vai ajudar pessoas a saírem da depressão, das drogas, do crime e até de um hospital? Não é possível. Tenho para mim que essa é a maior prova de que Deus realmente existe. Só mesmo existindo um Deus para capacitar um homem simples como eu e outros tantos a cumprirem essa missão. Nunca é psíquico, jamais será técnico, sempre será inspiração.

Algumas músicas eu fiz com base no que eu vivia, outras no que outras pessoas viviam, já outras... não sei explicar, mas depois descobri: foram feitas para alguém. Ainda que meu cérebro fosse usado em sua capacidade máxima, não conseguiria saber o que os outros passam se não me contassem. É um mistério, de fato.

Gosto de dizer a seguinte frase para Deus: "Senhor, se eu não atrapalhar, já está bom". E tem dado certo. As vezes em que eu me enchi de teorias para falar, eu me perdi em minhas teses. Quando escrevi roteiros para as minhas palestras ou pregações, fui técnico demais. Quando estudei demais sobre um assunto, fui apenas didático.

As pessoas também me perguntam se estudo ou rezo muito antes de pregar ou cantar. Confesso que não. Apenas tento me esvaziar para que Deus me preencha. Minha oração é: "Senhor, que eu não atrapalhe".

Nem todas as realidades são iguais, pelo contrário, são muito diferentes. Se eu chegar à Europa e motivar as pessoas a se abraçarem, elas vão estranhar e, possivelmente, não farão isso, talvez apenas algumas, envergonhadas ou contrariadas. Não é costume. Se eu apenas imaginar em dizer o mesmo aqui no Brasil, em especial no Nordeste, elas não só se abraçarão, como farão isso até com quem não conhecem bem. Faz parte da cultura.

Justamente por essas diferenças é que não dá para viver com modelos prontos, é preciso sentir, deixar a inspiração ditar o ritmo. Em outras palavras, deixar Deus agir. Claro, é preciso ter conhecimento para isso, mas não é só isso. As fotos mais bonitas são as espontâneas, não as posadas.

Incontáveis foram as vezes em que fiz algo atípico durante os shows, coisas que não faço sempre. Acontece às vezes: sinto vontade de abraçar alguém ou dizer algo. Depois fico sabendo que aquele abraço ou o que falei teve muito mais significado do que eu poderia imaginar. Pensei nisso? Não, foi inspiração.

Quando trabalhamos com pessoas, devemos ser pessoas. Se não quisermos ter contato, devemos trabalhar com outra coisa. As pessoas têm tanta necessidade de serem notadas... muitas vivem como se fossem invisíveis. Temos culpa nisso. Esse mundo louco e corrido tem tirado de nós o tempo. Fazemos tudo às pressas, sem nem perceber estamos engolindo a comida sem degustá-la. Fazemos tanta coisa ao mesmo tempo e não fazemos nada direito. Estamos mais acelerados do que os ponteiros do relógio. Ele que não se garanta em nos acompanhar para ver!

Essa correria louca causa muito estrago. Deixamos de aproveitar a vida. A vida que um dia vai passar. Um dia podemos ter tempo para comer com calma, mas corremos o risco de não conseguir. Quando acharmos que é hora de frenar, é porque já passou da hora. Se estamos comendo e de repente nos sentimos saciados, é sinal de que já comemos demais, o cérebro tem um "delay" natural. Se comêssemos devagar, comeríamos a quantidade correta.

A velha máxima: "Gastamos nossa vida para ganhar dinheiro e depois gastamos o dinheiro para trazer de volta a saúde".

Antigamente, na Idade Média, os fazendeiros trocavam entre si o que produziam. Não havia moeda, havia trocas. Não vamos muito longe. Meu pai conta que quando ele era criança, meu avô trocava uma saca de café por uma de feijão com o vizinho, para o consumo da casa. Até porque eram muitos irmãos. Isso gerava proximidade, contato. Quando uma família ia viajar, antes passava no vizinho para pedir: "Vizinho, vamos ficar uns dias fora, pode olhar a casa pra gente?", se tivessem cachorro, deixavam a chave e o saco de ração também. Hoje, temos muros altos, cerca elétrica e o desejo de que ninguém saiba que estamos em casa.

Nunca se ouviu tanto falar em depressão como ouvimos hoje. Não só porque agora ela tem nome. Creio que antes não tínhamos de fato muitos doentes porque havia contato, proximidade, intimidade. Todos os irmãos dormiam juntos em beliches. Hoje cada filho – se os pais tiverem condições – tem seu quarto, sua televisão/computador/iPad/celular.

Cada um vive em um mundo diferente. Sendo que o mundo é um só.

Por que será que as pessoas com mais idade, os vovôs e as vovós, não perdem a chance de envergonhar seus familiares quando tem visita em casa? Eles sempre dizem: "Ninguém nessa casa liga para mim", "Sou tratado como lixo", e tantas outras frases que provavelmente já avermelharam suas bochechas ou as de alguém que você conhece.

No fundo não é bem assim. Tenho certeza de que você não os trata como lixo ou insignificantes, mas penso que é um choque muito grande para essas pessoas com mais idade que viveram em um mundo em que elas conversavam à noite em volta da lamparina e do fogão a lenha, que falavam dos seus dias, que paravam a charrete na estrada para conversar um pouco com o vizinho de porteira, e que hoje veem seus filhos, netos e bisnetos passando horas sozinhos olhando para uma tela imersos em fones de ouvido. Não julgue, deve ser muito difícil para eles. E quem está errado? Tire suas conclusões.

Não nascemos para o isolamento. Por mais necessário que seja às vezes ter um tempo para ficarmos sozinhos – e isso é muito saudável –, é preciso conviver, conversar, sermos próximos e não distantes.

Já ouviu alguém usando a expressão "isso é um cemitério de elefantes"? Sabe o que significa? Os elefantes, quando sentem a morte aproximar-se, costumam deixar o bando e voltar para sua terra natal para morrer. Será que não estamos buscando o mesmo quando nos afastamos das pessoas, da vida, da sociedade? Quando fugimos das nossas responsabilidades e nos fechamos em nosso mundinho triste? Detalhe, *não somos elefantes.* Então, nada de nos afastarmos. Quando algo quebrava – antigamente –, a minha mãe usava supercola para juntar os cacos, e hoje a gente aprendeu a jogar fora o que não é perfeito, ou pelo menos que não é do nosso agrado. Mais vale uma xícara sem asa que ainda serve o café quentinho, do que uma linda xícara de porcelana, novinha e abandonada na cristaleira.

Menos é mais!

CAPÍTULO 8

O NASCIMENTO DE “MINHA ESSÊNCIA”

"VIM ATÉ
AQUI
DERRAMAR
O MEU
PASSADO
EM TI."

Sempre que vamos fazer um show, algumas emissoras de TV e rádio costumam fazer entrevistas, e há uma pergunta que sempre é feita: "Thiago, como nasceu a música 'Minha essência'"? Vou dizer como foi, talvez seja um dos motivos pelo qual você quis ler este livro.

Era madrugada. Fim de novembro do ano de 2013. Pouco mais de um ano antes eu havia lançado meu primeiro CD. Conversava com uma amiga por uma rede social. Me sentia desanimado com a missão, pois achava que o simples fato de lançar um disco seria o suficiente para que muitas pessoas tivessem contato com ele. Mal sabia eu que não era tão simples assim. Fato é que nessa altura falei à minha amiga sobre esse sentimento. Ela me disse: "Leia o Evangelho de Lucas sobre a pecadora perdoada e faça uma música". Era a passagem de que ela mais gostava, porém existiam pouquíssimas músicas sobre essa passagem.

No mesmo instante, eu me despedi e desliguei o desktop. Abri minha Bíblia e de maneira respeitosa e penetrante meditei o Evangelho. Os sintomas deram sinal de vida. Posicionei o violão e improvisei papel e caneta. Dez minutos se passaram e estava em cima da mesa a canção que hoje milhões de pessoas conhecem como "Minha essência".

Tudo o que eu precisava que saísse, saiu. Tudo que queria dizer, disse. Todas as notas que gostaria de usar, usei. "Minha essência" era tudo o que eu tinha para entregar naquele momento. Não é apenas uma poesia sobre um Evangelho, é coincidentemente uma música que remete ao evangelho, mas que no fundo é o resumo da minha vida com Deus.

"Vim até aqui derramar o meu passado em Ti."

Quantas vezes precisei e ainda vou precisar entregar o Thiago velho que mora aqui dentro?

"Vim banhar os pés que andaram por aí sem carinho receber."

Quantas vezes eu poderia ter sido o bom judeu para lavar os pés cansados do mestre, mas não fui?

"Hoje estou aqui, não porque mereço, eu sei. Pois Tu sabes por onde eu andei, conheces bem o meu perfume."

Exatamente eu, o miserável pecador que não merece estar na presença Dele.

"Mas Tu sabes também que o meu choro é sincero."

Porque nada é invisível aos olhos Dele.

"Porém, não tenho nada a oferecer, meu Senhor, mas te dou a minha vida."

Dentro do meu coração não há nada tão valioso assim. Apenas algo precioso por natureza, o que recebi Dele, a vida.

"É tudo que tenho, recebe o meu nada, refaz a morada, habita em mim."

Não tenho nada capaz de alcançar a Tua grandeza, mas posso ser Tua morada, caso o Senhor deseje.

"Me pega em Teu colo, me acalma em Teu peito, sou Teu, sou eleito."

Porque esse é o melhor lugar para estar, dentro de um abraço, dentro do Teu abraço. Sou fraco, sou falho, sou pó, mas sou Teu.

"E a minha essência é exalar Teu cheiro."

O cheiro da bondade, do amor, do céu.

Nesse mesmo instante, soube que essa música tinha um propósito grandioso. O quê, ao certo? Ainda não era capaz de prever. Mas quando uma música especial nasce, a gente fica sabendo.

Menos de um mês mais tarde ela estaria no YouTube, começando a desempenhar seu papel de cura na vida das pessoas. Além de ressuscitar muita gente, também fez renascer em mim o desejo pela missão. Comecei 2014 decidido a viajar, mesmo que sozinho, para evangelizar com a música. E assim aconteceu. Aos poucos a missão foi ganhando corpo e espaço, até chegar aos dias de hoje.

Nunca estive sozinho, mais um sinal do cuidado de Deus, que me deu as pessoas certas e com propósitos em comum. Hoje a Missão Thiago

Brado tem quase quinze famílias envolvidas diretamente. Ainda assim, estamos só no começo. "O mundo precisa saber a verdade."

A essência começa simples e perdura enquanto tudo melhora, aumenta e prospera desde que ainda continue sendo simples. Deus é simples, não complicado.

Uma vez me perguntaram qual foi o investimento de mídia que fiz, e qual projeto de marketing criei para alcançar tantas pessoas de maneira tão rápida.

A resposta foi simples: "Não fiz nada". E realmente não fiz. Não foi um projeto ou um investimento. O que fez essa música alcançar milhões foi o seu propósito. Ela nasceu para isso, existiu desde sempre com a missão de ser ponte, elo, ligação. Ela, por si, tem o dom de propiciar encontros entre a miséria humana e a misericórdia divina.

Uma semana depois do lançamento no YouTube já pude perceber que ela realmente não era mais minha. Era de todos que desejassem fazer dela a sua oração.

Mais uma constatação sobre a simplicidade. "Minha essência" foi gravada com um violão, uma escaleta, um *shake* e um *pad*. Musicalmente falando, há poucas músicas tão simples quanto ela. O que prova que o segredo não está na grande produção musical.

Será que foi o investimento da produção do clipe? Garanto que não. As empresas de conteúdo de vídeo da época, que procuramos para orçar o clipe, pediram algo como 20 mil reais para produzi-lo. Gastamos exatos 800 reais. Cavamos os buracos, usamos tochas de bambu emprestadas de um luau que já havia acontecido semanas antes. Em vez de jogarem fora, nos deram. Fui buscar de carro. Não tínhamos dinheiro para locação, então pedimos emprestado os fundos do Centro Paroquial de Formação (CEPARF) – onde já mencionei ter tocado em muitos retiros e tido uma bela experiência com Deus ao som de um teclado surrado. Colocamos algumas lâmpadas incandescentes no chão, fizemos uma fogueira e chamamos amigos e familiares.

Foi o ensaio da galera do clipe o responsável pelo sucesso? Acho que não. As pessoas que participaram do clipe não conheciam a música, tiveram o primeiro contato durante a gravação. E foi de propósito. Era para que elas fizessem uma experiência, não que apenas encenassem. Aliás, quase não conseguimos gravar. O dia foi chuvoso. Só gravamos porque tivemos um intervalo de umas duas horas de estiagem.

Então o que foi responsável pelo sucesso dessa canção? Só tenho uma resposta em mente: **a essência.**

CAPÍTULO 9

O DESERTO FLORIU

A ESSÊNCIA
NÃO TEM
NADA A VER
COM O TOPO.
O PERFUME
DAS FLORES
SÓ É LEVADO
PARA O ALTO
COM A AJUDA
DO VENTO.

O que tentarei explicar nas linhas a seguir pode resumir tudo o que desejei dizer quando pensei neste livro. Além de o "essenciômetro" ter acusado – como disse no início – esse ocorrido me despertou lá atrás um desejo: "Um dia preciso dizer isso às pessoas".

Bom, então vamos lá!

Era junho do ano de 2017, exatamente um ano depois, estou aqui escrevendo. Fomos todos – eu, minha banda e mais três amigos que faziam parte da nossa equipe técnica – para uma experiência especial em uma pequena cidade do interior do

Paraná. Ali ficaríamos cinco dias, isolados de tudo, em busca de uma intimidade com Deus e conosco.

Chegamos à pequena cidade e fomos para o sítio. Passaram-se três dias, já iniciávamos o quarto. Era sábado de manhã. Até então tudo tinha sido muito bonito, marcante, realmente especial, mas, confesso, nada além de tudo que já vi dentro dos encontros, retiros, congressos e demais atividades da igreja.

Sempre fui muito sensitivo. Ainda sou assim. Quando algo não me passa verdade, logo me afasto. Assim que percebo algo bom "no ar", normalmente isso acontece. Não é premonição, não acredito nisso. É porque creio que realmente nada está escondido. Por mais que algo não seja dito, basta prestar atenção, a resposta sempre está "na cara", a gente é que não quer ver.

Por ser assim, sempre gostei da simplicidade. As pessoas mais simples são as que mais ensinam. Não são grandes teorias, tampouco os méritos ou os diplomas que elas têm. Os títulos não me interessam, admito que até me deixam com um pé atrás.

Foi no meio do mato, de forma absurdamente simples que ouvi Deus falando comigo.

Estávamos ali, prontos para viver um novo momento. Era um desafio cujo objetivo consistia em trocar a posição de dois pneus. Invertê-los de lugar. O que estava embaixo deveria ficar em cima. Com um detalhe importante, no meio deles estava um tronco de eucalipto, e no topo do tronco uma trave em diagonal para dificultar essa troca.

Como fazer isso? Foi o que "matutamos" por alguns minutos. Depois de definido um plano, começamos a colocá-lo em prática. Os homens mais altos formaram uma base em torno do tronco, outras mulheres por fora passavam os pneus para cima, e eu, talvez o mais ágil do grupo, no topo, fazia a troca dos pneus enquanto pisava sobre os ombros dos que formavam a base.

Passaram-se alguns minutos de dificuldade até que concluímos a prova. Foi difícil, mas conseguimos.

Chegou o momento de analisar aquela prova. Foi então que percebi durante a análise com os outros amigos de equipe que, por estar decidido a alcançar o objetivo, eu me esqueci de todo o resto.

Enquanto subia em busca do topo, equilibrando os pneus, pisei nos ombros, nas cabeças e nas costas dos que estavam embaixo. Mas não tem nada de errado nisso, eles estavam ali para isso. Não! Foi aí que aprendi uma lição. Não é porque estão "abaixo" de nós que precisam ser pisados. Doeu meu coração pensar que, na ânsia de conseguir vencer aquele desafio, nem percebi, mas acabei machucando meus amigos.

A essência não tem nada a ver com o topo. O perfume das flores só é levado para o alto com a ajuda do vento, mas a essência verdadeira está no chão. Mais uma lição: ninguém chega ao topo sozinho.

Enquanto me reconhecia tão irreconhecível naquele momento, alguém me pediu para refazer o desafio, dessa vez do jeito certo. Incrível como somente nesse momento pude perceber que os dois pneus eram diferentes. Um deles era menor.

Outra lição: a inversão nem sempre começa de cima para baixo, quase sempre é de baixo para cima. Se quisermos mudar algo lá na frente ou lá em cima, devemos começar de baixo.

Comecei a refazer a prova. Puxava com todas as forças o pneu menor que estava por baixo. Mais uma descoberta: eu nunca seria um bom borracheiro. O esforço era descomunal, estava exausto e descrente de minhas capacidades. Cheguei ao limite das minhas energias e as lágrimas de fracasso escorriam pelo meu rosto envergonhado. E quando ensaiava soltar os pneus e desistir, ao meu redor se aproximavam os meus amigos que minutos antes, sem perceber, eu pisoteei. Com todas as forças eles agarraram aqueles pneus e puxavam como se suas vidas dependessem disso. Eu de fora do círculo observava constrangido. Como se não bastasse, quando uma única parte do pneu faltava ser puxada para fora, eles se afastaram e, com os olhos, claramente me disseram: "Vai, Thiago, agora é com você". Fui e fiz. Desabei. Minha essência estava ali no chão, por baixo dos pneus, na terra. E eu pensando que estava no topo.

Aprendi muitas outras lições: quando achei que sozinho me bastava, percebi que não. Sozinho eu não era nada. Sequer fui capaz de passar um pneu dentro de outro. Foi aí que lembrei que mesmo tendo "machucado" meus amigos, eles deram o seu melhor para me ajudar. Um amigo de verdade nunca vai te abandonar.

Quando eles já terminavam por mim o que era de minha responsabilidade, eles me chamaram para que eu finalizasse. Ou seja, não quiseram levar o crédito. Tinham tudo para se orgulharem de terem conseguido. Pelo contrário, não quiseram o prêmio. Preferiram me levantar do chão, pois não me viram como um degrau, não foram orgulhosos. Foram generosos, misericordiosos. Não se vence com orgulho, apenas com misericórdia. Perder às vezes é ganhar.

"Ainda não terminou, Thiago." Alguém me disse. É engraçado que, para mim, já não havia mais o que fazer. Olhei para o chão e avistei uma rosa vermelha despedaçada. Se não me falhava a memória, tínhamos recebido rosas uma hora antes. Alguém acabou deixando cair enquanto me ajudava com os pneus. Acabamos pisando nela.

Foi então que recebi mais um ensinamento: a rosa despedaçada no chão era o meu orgulho. O desejo de vencer e a sede do topo, tudo ali no chão, sem beleza, sem vaidade, sujo de lama. Enquanto viajava nos pensamentos, percebi alguém se aproximar de mim. Era um amigo de equipe. Estendeu-me as mãos e me deu um presente. Sabe o que era? Outra rosa. E concluiu: "Guarda contigo. Hoje, neste lugar, você reencontrou a sua essência". Ajoelhado e sentindo a terra fria, ali permaneci enquanto ao meu redor todos cantavam aquela simples canção:

"É tudo que tenho, recebe o meu nada
Refaz a morada, habita em mim
Me pega em Teu colo, me acalma em Teu peito
Sou Teu, sou eleito
E a minha essência é exalar Teu cheiro."

Eles não cantaram perfeitamente. Estava fora do ritmo e desafinado, e até erraram a letra. Mas foi a versão mais linda que eu já ouvi. Não tinha muita coisa, mas tinha uma em especial: essência.

Foram cinco dias que passaram muito rápido. Mas uma hora em especial desses cinco dias eu jamais esquecerei. Foi ali, rodeado pela mata e pelos meus amigos de equipe que aprendi muito e, principalmente, entendi que a essência não está no topo, está no chão. Fui pisado por mim mesmo. Enquanto pisava nos outros, era em mim mesmo que eu pisava. E quem disse que isso foi ruim? As uvas antigamente não eram pisoteadas e esmagadas até "sangrarem", para depois se tornarem vinho? E se há alguém que ainda duvida que é sangrando que se vence, que é a dor que ensina e que é perdendo que se ganha, esqueceu-se de um fato: um certo alguém foi maltratado, cuspido, humilhado, suou sangue; verteu sangue; jorrou água; morreu; mas sua derrota nos fez vencedores, pois ele ressurgiu vencedor. E você sabe de quem estou falando. Perder nem sempre é sinal de derrota. Ganhar nem sempre é sinal de vitória. Na busca pela essência, precisaremos unir os dois.

CAPÍTULO 10

DECISÃO

PARA SEGUIR
UM CAMINHO
PRECISAREMOS
DE MUITOS
PASSOS.
POSSIVELMENTE
CAMINHAREMOS
A VIDA INTEIRA,
MAS **UM** ÚNICO
PASSO,
ESSE SIM,
É O MAIS
IMPORTANTE.
SABE QUAL?

Sempre que chego a um lugar que ainda não conheço, uma das perguntas que sempre fazem é: "Como foi que você começou?".

Como citei há alguns capítulos, comecei ao ganhar uma guitarra da minha bisavó, dona Frida, e, em seguida, tocando nas missas da minha paróquia. Mas o que aconteceu daí até os dias atuais é o que mais desejam saber.

Quando tranquei a faculdade – e, por sinal, nunca mais destranquei – no início de 2012 para gravar o meu primeiro CD, eu não imaginava como seria o processo, mas tinha uma certeza, até porque tudo o que desejei lá atrás, estou vivendo nos dias atuais. Não era muita coisa, mas acreditar sem ver nem sempre é fácil, creio ser o mais difícil.

Depois de um ano pensando em sair da faculdade para me dedicar ao meu projeto – o que não foi nada fácil – tive de traçar os caminhos e começar a dar os primeiros passos da fase inicial. A fase de pensar "como vai ser", acredite, é a mais tranquila. A fase do rascunho não exige, não custa, não cobra. A fase seguinte sim é a mais complicada. Dar os primeiros passos pelos caminhos que foram rabiscados no papel.

Quero falar agora sobre a decisão.

Não lembro bem o mês, mas foi no ano de 2012. Eu e meu produtor musical – quem gravou e produziu meu primeiro CD – enquanto estávamos em estúdio, fomos para São Paulo (SP) assistir a um show de uma banda cristã da Califórnia.

No meio do show houve uma pausa. E nesse momento um dos líderes da banda disse algumas palavras muito significativas. Ainda mais que ainda estávamos passando pela fase mais "tranquila" do projeto. A execução ainda não tinha começado. Aqui quero fazer um parêntese. Não pense que gravar um CD significa que caminhou muito. Essa é a parte mais fascinante do projeto e também a mais agradável. Escolher uma referência e decidir os timbres das guitarras, efeitos e demais detalhes técnicos é importante, mas com certeza não é o mais importante. É o *playground* do músico. Ainda é só "brincadeira".

Continuando. Aquele rapaz falava sobre escolhas e decisões. Em um resumo, o que ficou gravado na memória foi quando nos disse que para seguir um caminho precisamos de muitos passos. Possivelmente caminharemos a vida inteira, mas UM único passo, esse sim, é o mais importante. Sabe qual? O PRIMEIRO.

Fez todo sentido. A "zona de conforto" é a nossa inimiga a vida inteira. Imagine se um bebê decidisse ficar para sempre no útero de sua mãe? Engraçado que muitos marmanjos ainda vivem como se estivessem lá dentro, não é mesmo? Conhece alguém? Lógico que conhece.

Coragem! Se quisermos caminhar, precisamos de coragem para dar o primeiro passo. Digo isso porque quando ainda trabalhava com carteira assinada, das 8 da manhã às 6 da tarde, e viajava aos fins de semana para divulgar meu CD, tudo era muito sossegado. Era praticamente lazer. Passeio. Mas quando tive de decidir se ficaria dentro da "zona de conforto" ou daria um passo de coragem, aí sim sofri. Até que eu me decidi.

Um grande amigo da época, por providência meu patrão, me deu "as contas". Pé na estrada, violão nas costas, roupa na mala. Foi aí que dei meu primeiro passo. Foi o início.

Depois que me lancei na missão, foi a vez de ver meus amigos tendo que decidir. E é impressionante como Deus sempre nos dá um empurrãozinho quando nós mesmos não tomamos coragem. Alguns foram "espremidos" até não caberem mais nas empresas que trabalhavam. Decidiram também. A TB Produções – eu e meus cinco escudeiros – é uma sociedade de seis. Cuidamos juntos da minha "carreira". Decidimos tudo em conjunto. Componho, envio as músicas, pensamos, gravamos e depois lançamos. Sempre foi assim, espero que nunca mude. Se cabe uma frase de efeito aqui, lá vai: “Nunca dê de mão beijada para alguém o que só você sabe como e por que nasceu”. É teu e de mais ninguém. Não tem preço, por isso não venda.

Decisão é a palavra que vai nos “cutucar” a vida inteira. Da marca de papel higiênico ao nome do nosso filho. Tudo requer decisão. Então é melhor nos acostumarmos ou vamos sofrer para sempre. Firmeza é a virtude do corajoso. E “se”? Se não der, simples, tentamos de novo.

Parece que estou falando de uma história longa. Não, estou falando de apenas seis anos. Faz somente seis anos que gravei meu primeiro trabalho. Mas nos empenhamos tanto que hoje vivemos o nosso sonho. Sabe o que desejei quando saí da faculdade? Desejei cantar pelo mundo afora as músicas que Deus me desse. Era só isso. Hoje eu canto as minhas músicas e ajudo as pessoas. Por quê? Porque ainda sou o mesmo menino que só faz músicas, mas que tem um Deus que faz milagres com elas.

Confie no seu talento e, principalmente, no seu chamado. Não acredito que estamos neste mundo para fazer volume, estamos aqui para fazer a diferença.

CAPÍTULO 11

CONFIANÇA

SÓ SERÁ
LEVE SE
TIVERMOS
COM QUEM
DIVIDIR O
PESO.

Algo sempre muito marcante na vida em missão é conhecer as diversas realidades de nosso país. O Brasil é muito grande, e, por isso, muito diferente de uma região para outra. Nos últimos três anos, passamos mais tempo na estrada do que em casa. Em média duzentos dias do ano passamos viajando. O que é sempre muito prazeroso e desafiador.

Muitos nos perguntam como nós aguentamos. Acho que é uma combinação de fatores. Nós amamos fazer isso. Esse sempre foi o nosso sonho. Temos a família que deveríamos ter. E, por fim, Deus nos fortalece.

É tranquilo viajar quando tudo em casa vai bem. Mas quando um dos nossos adoece ou passa por algum problema, e nossa presença seria mais importante, e ainda assim precisamos honrar os compromissos, é nesse momento que sentimos Deus nos fortalecendo e cuidando de tudo.

"E a convivência?" É outra realidade que desafia, pois somos uma família. E toda família é igual. Aprendemos a conviver, a conhecer um ao outro. Confesso, não é tão difícil assim, somos todos homens. Mas é claro que há dias de sol e dias de chuva. Tem dias que precisamos de mais espaço e um pouco de reclusão. Aprendemos a respeitar o tempo do outro. Todos temos algo em comum: o senso de humor. Somos muito extrovertidos e isso nos garante um ambiente leve.

Creio que Deus tem a mania de unir propósitos. E não sei se os opostos se atraem. Tenho minhas dúvidas, com exceção da física. Os parecidos é que se aproximam, se ajustam e se fortalecem quando têm filosofias equivalentes. Não formatei um ideal. Não quis que fosse assim. Somos assim desde sempre. Brincamos demais e levamos tudo a sério demais. Mas é nosso, não é formatado. É nativo do "sistema operacional". E foi Deus quem uniu esse bando de malucos que chamamos de Missão TB. Se você ainda não tem ideia do que estou falando, basta procurar no YouTube o vlog "TB na Estrada". Vai entender o que eu quero dizer. Somos isso, não é teatro, é real.

Se tem algo em que realmente acredito é que a vida é leve. Não é pesada. Muitos podem discordar. Digo isso pois conheço pessoas que já sofreram muito e nem por isso acham a vida pesada. Tem mais a ver com entregá-la para quem a deve comandar. Está escrito: "Porque meu jugo é suave e meu peso é leve" (Mt 11, 30). Dúvidas ainda? Leiam então os dois versículos anteriores: "Vinde a mim, vós todos que estais aflitos sob o fardo, e eu vos aliviarei. Tomai meu jugo sobre vós e recebei minha doutrina, porque eu sou manso e humilde de coração e achareis o repouso para as vossas almas" (Mt 11, 28-29).

Mesmo entregando a vida e confiando a Deus o nosso tudo, ainda assim sofreremos, cairemos, seremos humilhados, adoeceremos, perderemos quem amamos, mas nada disso será pesado demais para aguentarmos, pois não estamos sozinhos. Sobre essa passagem, gosto de pensar que quando estiver pesado demais seremos ajudados. O peso continuará o mesmo, mas será compartilhado. Ele nos ajudará a carregar. Triste não é quem sofre, triste é quem não tem com quem contar. Por isso jamais terá uma vida pesada aquele que entender que não possui nada, nem mesmo a vida.

Pesado é viver como se tudo dependesse somente de nossas escolhas, dos nossos feitos ou dos nossos esforços. Sempre que pensei assim, eu me frustrei. Uma hora é claro que vai ficar pesado demais. Não vamos suportar. Só será leve se tivermos com quem dividir o peso. Digo mais, a quem entregar o peso. Seria arrogância demais achar que carregaremos algo tendo o pai amoroso que temos.

Sabe quando uma criança é incentivada pelo pai a ajudar a carregar a sacola de compras? Evidente que está pesada e a criança não suportaria, mas o pai mesmo assim a deixa segurar uma das alças para que se sinta capaz. No fundo, quem está suportando o peso é o pai. Que sejamos como as crianças. Vamos levar a sacola, porém deixar o mais forte suportar o peso. Não é preguiça, é confiança.

CAPÍTULO 12

SE PRECISO, USE PALAVRAS

"EVANGELIZE SEMPRE, SE NECESSÁRIO USE PALAVRAS."

SÃO FRANCISCO DE ASSIS

“Thiago, eu deixei um adultério de três anos quando ouvi uma pregação sua.”

“Eu venci um câncer. Ouvia suas músicas enquanto fazia quimioterapia.”

“Queria te agradecer, não falava com a minha mãe, ouvindo uma canção sua, eu pedi perdão para ela.”

“Sou pastor evangélico e queria te dizer que deixei tudo que fazia de errado na vida quando sua canção tocou meu coração.”

“Menino, graças às suas músicas eu venci a depressão e a síndrome do pânico.”

E a mais falada: "Thiago, se um dia você pensar em desistir, lembre-se de que você foi usado para salvar a minha e a vida de tantas pessoas, por isso não desista jamais".

Um dos motivos que me fez desistir, lá atrás, no ano de 2007, a deixar a música secular, ou pelo menos o projeto de seguir esse caminho – pois não cheguei a entrar de vez –, foi a resposta para a pergunta que eu me fiz: "Será que a música que eu vou cantar vai ajudar alguém?".

Não houve um único dia em que alguém não me procurasse para contar o bem que alguma de minhas músicas ou palavras fez em sua vida. E não digo isso para me justificar ou justificar meu trabalho, mas para ressaltar que desde o primeiro dia até hoje acho impressionante tudo isso, porque eu não fiz absolutamente nada além de música, e não disse nada além do que brotou na minha boca. Só posso acreditar que Deus está mesmo no comando. E mais: que minha decisão foi acertada.

Tinha medo de seguir por outro caminho e, apesar de tudo que pudesse ganhar, perceber que só estaria perdendo tempo em não somar no mundo. Eu realmente tenho como dogma pessoal a necessidade de fazer a diferença, positivamente, é claro.

Também não tenho pretensão nenhuma de ser o "salvador da pátria", não sou capaz disso, ninguém é. Mas posso fazer a diferença aos que eu atingir. E isso eu tenho certeza que conseguirei se minhas palavras forem coerentes com as minhas atitudes. Sobre a última frase, gostaria de dizer que eu conheço pessoas que não vão à igreja como eu e talvez você, mas que têm mais atitudes cristãs do que nós. Portanto, antes de saber de cor, de falar bem ou indicar o caminho, precisamos provar com a vida que tudo isso faz sentido. Que belo seria se tudo andasse em harmonia.

Sobre fé, eu tenho o que dizer; sobre religião, não. Sou católico e isso é claro para mim, é a escola que Deus me deu. Mas tenho muitos amigos de outras crenças, e mesmo assim, aprendo e ensino.

Quero deixar claro a minha fé em Jesus e em tudo que não só aprendi, como também vivi dentro da minha igreja, mas também já tive a infelicidade de não me sentir amado pelas pessoas que poderiam dar um bom exemplo.

Deus não vende amor, porque Ele não precisa se prostituir, Ele é Deus. Ele não precisa do meu dinheiro porque Ele tem as maiores riquezas. Tampouco precisa do meu talento ou de qualquer outra coisa que eu possa oferecer.

Deus deseja – repito, deseja – intimidade conosco. E com certeza não é apenas da oração que ela brota. É do amor, do respeito, da gentileza, do cuidado, da generosidade, da honestidade, da empatia e de tantas virtudes mais que você lembrar agora e até das que você esquecer.

Padre Zezinho já cantava: "Um Deus apaixonado mandou o seu recado por meio do Seu Filho... e ama tanto e tanto a cada um que até o fio de cabelo que nos cai, porque Ele é Pai seu coração percebe". Não é possível que um Deus tão apaixonado e tão simples deseje outra coisa além da nossa proximidade. Não porque Ele seja carente, mas porque nós precisamos disso, e Ele sabe bem.

Vivo do meu trabalho que hoje é mais que um trabalho: é uma missão. Levar esse Deus apaixonado por meio da música. E jamais, nesses poucos anos de missão, encontrei uma única pessoa que não merecesse esse amor. Independentemente de sua história, suas escolhas ou suas crenças. Quem desejou o colo de Deus, recebeu. E não foi porque mereceu, mas porque precisou.

Enquanto nossos dedos apontarem para os que erram, em vez de indicar quem pode ajudar aquele que errou, seremos cristãos miseráveis. Nossa existência não soma nesse caso, apenas subtrai. Tenho certeza de que a pecadora de Bethânia, como bem relatam os evangelhos, não era bem-vinda na casa daquele fariseu, mas era muito esperada por Jesus. Enquanto formos mais aparência do que essência, continuaremos capazes de apedrejar quem não for bom o suficiente para nós. E isso não é atitude de quem sonha com o céu.

A necessidade que temos de mostrar para os outros que somos "superiores" porque vivemos o que muitos não vivem anula completamente nossos feitos. Fazer e dizer que fez também não é uma atitude louvável. E você sabe que essa última frase está escrita dentro de sua Bíblia, não é?

Em uma de minhas viagens tive a graça de conhecer uma senhora muito humilde, pobre e simples. Ela nos acolheu em sua casa, e sua casa não poderia ser mais humilde. Foi uma das mais simples em que já pisei. Ela sorria tanto, passava tanto acolhimento com sua voz e seu olhar. Não tive cama para descansar, mas descansei no olhar e na acolhida daquela senhora. Como se não bastasse a precariedade de sua casinha e sua falta de estrutura, ainda havia espaço para mais atitudes de amor. Ela era uma voluntária. Acolhia crianças que tinham sido retiradas dos pais pelo juizado da infância. Aquele lar era de fato um lar solidário. E quer saber mais, ela era uma mulher de fé, coordenava um grupo de oração. Uma junção perfeita. Fé, prática religiosa e atitudes. É possível, só precisamos buscar.

É possível ser cristão e ainda assim ser de Deus. Pense nessa frase!

Como dizia São Francisco de Assis: "Evangelize sempre, se necessário use palavras".

CAPÍTULO 13

A MISSÃO É OFERECER O MELHOR

O MUNDO
CARECE
DE ESPERANÇA.

Não poderia deixar de explicar o que tantos já me perguntaram. Se você me segue nas redes sociais, ou alguma vez já viu alguma publicação sobre as minhas viagens, com certeza já viu que usamos o termo "Noite Minha Essência" ou "Turnê Pulsar". Quero deixar claro suas diferenças e suas semelhanças.

Em dezembro de 2013, quando gravamos o clipe da música "Minha essência" – que hoje já tem dezenas de milhões de visualizações na internet –, tudo nasceu e se desenvolveu de maneira muito singela, como já mencionei anteriormente. E a "Noite Minha essência" nasceu com o propósito de ir aos lugares mais variados e se manter simples e plena.

É uma noite descomplicada, aliás, sempre tentamos ser assim, descomplicados. Ser descomplicado não é e nunca foi sinônimo de improvisado, somos muito profissionais e criteriosos. Se fazemos algo, tudo é pensado da melhor maneira, visando sempre a qualidade, mas permitindo que Deus sempre mostre seu rosto de simplicidade.

Essa noite nasceu para alcançar os lugares que, estruturalmente, um show da Turnê Pulsar – que ainda levaremos até dezembro de 2018 – não consegue devido às necessidades estruturais e técnicas. Já fomos para comunidades carentes onde o povo não tinha nem saneamento nem energia, mas também passamos por lugares da alta sociedade. E sabe qual é a diferença entre esses lugares? Não há. Se falta ou sobra dinheiro, isso não altera a realidade de um povo que precisa e que tem saudade de Deus.

Eu me lembro de uma dessas noites no interior de São Paulo, onde o povo sofria com a falta de atenção da política pública. Não tinha água encanada, energia, escola, transporte. Tudo de que precisavam para ter uma vida digna. A noite aconteceu na quadra de uma instituição criada pela igreja local para dar assistência a eles. Fazia tempo que eu não encontrava pessoas tão abatidas, era possível ver no rosto delas as marcas do abandono. E depois que a noite acabou, muitos nos disseram que aquela noite tinha devolvido para muitos a esperança que havia tempos já tinham perdido.

Várias vezes fomos a lugares com recomendações. "Quero que o Thiago venha animar meu povo", muitos padres já nos disseram. O mundo carece de esperança, de alguém que mostre suas possibilidades, não seus erros. Eu sempre desejei que a "Noite Minha Essência" fosse um lugar de paz e recomeço, não um tribunal. Muitas vezes durante a minha caminhada vivi momentos em que, ao terminar, me sentia um "lixo", porque quem estava conduzindo não me fez acreditar que seria possível melhorar, apenas me deixou com medo do inferno.

Acho muito séria a missão que temos de anunciar Jesus. A meu ver, Ele não é o que muitos pintaram. Mas é impressionante como se faz presente no rosto de tanta gente que já encontrei no caminho. Um Deus simples que se deixa alcançar, que se faz pequeno, que se abaixa para olhar em nossos olhos. Já passei por lugares onde o povo não conseguia olhar para a frente, nem mesmo conseguiam olhar em nossos olhos, tamanha sua falta de esperança e de amor-próprio.

Organizacionalmente, essa noite é feita com teclado, violão e voz. Fazemos dentro das igrejas ou salões paroquiais, justamente para que saibam que não é um show, mas um momento muito simples e próximo do Senhor. Em quase todas as noites temos a graça de finalizar com a adoração ao Santíssimo. Dura em média uma hora e meia e, graças a Deus, tem cumprido seu papel de levar o perfume de Cristo.

O show é idêntico em propósito. Desejamos exatamente a mesma coisa: que as pessoas se encontrem com Deus e com elas mesmas por meio de música e condução. A diferença está no artístico. Temos luzes, palco, sonorização de qualidade, instrumentos, enfim, produção. Para Deus, o melhor sempre.

Não medimos esforços para que o show não fique a desejar musical e visualmente falando. Pode parecer bobagem ou artístico demais para quem quer evangelizar, mas já recebi muitas mensagens de gratidão por isso: "Não imaginava que na igreja teria um show desses, com tanta qualidade", "Nossa, o show é muito emocionante, saio daqui renovado".

Que interesse alguém teria em ir a uma apresentação musical em que não se entende o que se canta ou não se vê quem está falando? Que eficácia tem a mensagem que não chega aos ouvidos e não atrai o olhar? O ser humano é feito de arte. Somos uma obra-prima, fomos criados pelo Artista Supremo. Portanto, nos sentimos atraídos pelo belo. Se quisermos evangelizar, precisamos ser tão transparentes ao ponto de as pessoas não nos enxergarem. Elas precisam olhar para toda a beleza possível que pudermos oferecer aos olhos e aos ouvidos, até que só reste a elas pensar no seguinte: "Nossa, isso é maravilhoso, só pode vir de Deus". Ser simples não nos obriga a sermos relaxados – como dizia a minha avó, e muito provavelmente a sua também.

Se analisarmos o comércio, entenderemos isso. É tudo visual por um motivo. Precisa agradar aos olhos. Não se compra o que aparenta ser feio ou ruim. Uma TV de última geração não pode ser exposta na loja sintonizada em um sinal de má qualidade. Ainda que ela seja a mais nova do mercado, se a imagem chuviscar, ela não passará confiança, não será vendida. Deve ser explorada em seu máximo para que percebam sua qualidade e suas vantagens. Deus não é um produto, mas precisa ser anunciado em seu potencial máximo, com qualidade, com beleza, para que vejam as vantagens de estar ao seu lado.

Se formos a um show e algo não agradar, sairemos decepcionados. Ainda mais se criarmos uma expectativa. Do mesmo modo que artisticamente é necessário oferecer qualidade, ela não pode ser tudo quando falamos em evangelização. Se não tocar o coração, será somente música. E música tem muita gente que faz.

O que quero dizer sobre isso talvez fique claro agora. Certa vez, uma vez uma moça me disse: "Só vim ao seu show porque me disseram que era muito legal. Falaram que não perde nada para os shows das bandas de que gosto". Isso prova que o belo atrai, não é tudo, mas pode ser o chamariz. Ir ao show por achar ou ouvir de alguém que é bom abre espaço para uma experiência com Deus. Inicialmente, as pessoas podem ir pela música ou pela produção, mas depois podem voltar, porque isso é somente um detalhe perto do Deus que encontraram dentro desse todo.

Já disse no início deste livro que tive uma experiência linda com um senhor que não tocava, não cantava tão bem e em um local em que o som nem era tão bom, mas mesmo assim foi especial demais. Não é uma regra nem uma necessidade, trata-se apenas de oferecer o melhor. Talvez o melhor daquele senhorzinho do teclado estava ali, e por isso foi tão verdadeiro a ponto de alcançar meu coração, dando-me condições de experimentar Deus.

Seja na "Noite Minha Essência" ou nos shows, espero sempre conseguir oferecer o melhor para Deus e para as pessoas, ao ponto de todos sentirem isso e se abrirem para o que Deus tem reservado para cada um.

CONCLUSÃO

Bom, não é o fim, pois com certeza não coloquei sequer metade do que desejaria neste livro – por isso outros deverão nascer futuramente. Mas creio que seu objetivo foi alcançado. Desejei expor o que penso sobre vários assuntos e deixar claro o que desejo com tudo o que tenho feito.

Espero que em algumas destas linhas você tenha encontrado respostas para suas perguntas, tenha sido tocado, recebido uma inspiração para lidar com a vida, ou ao menos tenha feito uma leitura agradável.

Agradeço todos os dias a Deus por ter a oportunidade de viver acordado esse sonho que um dia parecia tão distante, e desejo que você também tenha voltado a acreditar nos sonhos que um dia as adversidades ou intempéries fizeram que você abandonasse. Volte a sonhar, é possível. Nada surge sem motivo.

Sou grato pela minha família, que desde sempre me formou, me impulsionou e me encorajou a fazer o que faço. Sempre tive a graça de ser filho e agora tenho a oportunidade de ser pai. Isso é maravilhoso. Tenho aprendido todos os dias e melhorado com isso.

Tenho uma equipe dedicada e isso faz toda a diferença. Sou grato a Deus por eles também. Aos amigos que todos os dias me ensinam. Amigos que são verdadeiros presentes do céu. E se tem um presente que sempre recebi na vida foi ter as pessoas certas nos momentos certos. Isso é divino.

Obrigado a você que acompanha o meu trabalho há mais tempo, ou mesmo que acaba de ter o primeiro contato. Vamos aprender juntos? É o meu desejo.

De forma especial, um agradecimento a todos os que já nos acolheram nas missões pelo Brasil e no mundo. Padres, leigos, instituições, empresas, produtoras, sociedades privadas, grupos, movimentos e tantos mais. Se vocês acham que ensinamos, se enganam, aprendemos com vocês, e aprendemos muito. E que Deus nos dê a graça de sempre nos encontrarmos. Se foi bom, vale repetir.

Finalizo com uma frase que talvez você conheça, caso já tenha assistido ao clipe original da canção "Minha essência":

> "Nossa essência é exalar o amor de Cristo, vamos nos render a esse amor."

"Minha essência"

Vim até aqui, derramar o meu passado em Ti
Vim banhar os pés que andaram por aí
Sem carinho receber
Hoje estou aqui, não porque mereço eu sei
Pois Tu sabes por onde eu andei
Conheces bem o meu perfume

Mas Tu sabes também
Que o meu choro é sincero porém
Não tenho nada a oferecer meu Senhor
Mas Te dou a minha vida

É tudo que tenho, recebe o meu nada
Refaz a morada, habita em mim
Me pega em Teu colo
Me acalma em Teu peito
Sou Teu, sou eleito
E a minha essência é exalar Teu cheiro

Thiago Brado
Nodinha Produções

Trecho de Lucas 7,36-50, que inspirou "Minha essência".

Um fariseu convidou Jesus a ir comer com ele. Jesus entrou na casa dele e pôs-se à mesa.

Uma mulher pecadora da cidade, quando soube que estava à mesa em casa do fariseu, trouxe um vaso de alabastro cheio de perfume; e, estando a seus pés, por detrás dele, começou a chorar.

Pouco depois suas lágrimas banhavam os pés do Senhor e ela os enxugava com os cabelos, beijava-os e os ungia com o perfume.

Ao presenciar isto, o fariseu, que o tinha convidado, dizia consigo mesmo: Se este homem fosse profeta, bem saberia quem e qual é a mulher que o toca, pois é pecadora.

Então Jesus lhe disse: Simão, tenho uma coisa a dizer-te. Fala, Mestre, disse ele.

Um credor tinha dois devedores: um lhe devia quinhentos denários e o outro, cinquenta. Não tendo eles com que pagar, perdoou a ambos a sua dívida. Qual deles o amará mais?

Simão respondeu: A meu ver, aquele a quem ele mais perdoou. Jesus replicou-lhe: Julgaste bem. E voltando-se para a mulher, disse a Simão: Vês esta mulher? Entrei em tua casa e não me deste água para lavar os pés; mas esta, com as suas lágrimas, regou-me os pés e enxugou-os com os seus cabelos.

Não me deste o ósculo; mas esta, desde que entrou, não cessou de beijar-me os pés. Não me ungiste a cabeça com óleo; mas esta, com perfume, ungiu-me os pés.

Por isso te digo: seus numerosos pecados lhe foram perdoados, porque ela tem demonstrado muito amor. Mas ao que pouco se perdoa, pouco ama.

E disse a ela: Perdoados te são os pecados.

Os que estavam com ele à mesa começaram a dizer, então: Quem é este homem que até perdoa pecados?

Mas Jesus, dirigindo-se à mulher, disse-lhe: Tua fé te salvou; vai em paz.

Este livro foi composto em Adobe Garamond Pro e impresso pela
Gráfica Santa Marta para a Editora Planeta do Brasil em novembro de 2018.